Mark Sarg

„Degustieren Sie sich!“

Mark Sarg

„Degustieren Sie sich!“

Bizarre Kurzgeschichten

Goldene Rakete Verlag für Belletristik

Imprint

Cover image: www.ingimage.com

Publisher:
Goldene Rakete Verlag für Belletristik
is a trademark of
International Book Market Service Ltd., member of OmniScriptum Publishing Group
17 Meldrum Street, Beau Bassin 71504, Mauritius
Printed at: see last page
ISBN: 978-620-0-51983-2

INHALTSVERZEICHNIS

DIE RASCHE DEMASKIERUNG

„Ich ***beneide*** Ihren Hund – wollen Sie nicht lieber mit ***mir*** Gassi gehen?“, erbot sich ganz ungeniert Signora Graziella Hüftspeck, als sie den überaus attraktiven Sir Roderick Knutschkraut auf der Straße gewahrte.

„Warum nicht – wenn ***Sie*** dafür das Geschäft mit Jou-Jou übernehmen …“

„Was fällt Ihnen ein! Scheren Sie sich zum ***Teufel***, Sie Schnösel!“, zeigte sie da plötzlich ihr wahres Gesicht und rauschte empört davon.

„DÜRSTEN SIE NACH MIR!“

„Dürsten Sie nach mir, damit unsere Ehe doch noch etwas taugt!“, versuchte Lady Alethia die drohende Scheidung von Sir Arthur Hirnriss abzuwenden.

Der freilich sah ihr seltsames Begehr nur als weiteres Indiz, ihr möglichst ***rasch*** zu entkommen.

„DÜRSTEN SIE NICHT NACH MIR!“

„Dürsten Sie nicht nach mir, denn ich kann Ihren Durst leider nicht stillen!“

Gar nicht wenig Erdenbürger meinen nach einer solchen Absage allen Ernstes, ihr Ersatzheil nun in der Kompletthingabe an den ***Wein*** zu finden …

„DÜRSTEN SIE NACH SICH!“

„***Dürsten*** Sie nach sich – so lange, bis Sie endlich in der Lage sind, sich voll zu akzeptieren!“, empfahl Psychiater Balduro Leuchtfloh.

Der in dieser Hinsicht leider gänzlich unbegabte Baron Florianus Teichklo tat wie ihm geheißen – bis er kläglich ***ver***durstet war.

„DÜRSTEN SIE NICHT NACH SICH!"

„Dürsten Sie nicht nach sich, wenn Sie sich selber für unerreichbar halten. Sie werden sonst nur noch ***mehr*** enttäuscht von sich!"

Klingt nach einem typischen Lehrbuchsatz – und dürfte vermutlich ebenso wenig hilfreich sein …

„DERANGIEREN SIE SICH!“

„Derangieren Sie sich zunächst einmal gründlich, vielleicht schaffen Sie ja so den Durchbruch!“, ermunterte Coach Dawson Buckelmaus die noch unerfahrene, gleichwohl hochambitionierte Mrs. Mandy Greensepp.

Und siehe da – am Ende war ihr der Karrieresprung zur unangefochtenen Spitzenpolitikerin ganz wie von selbst gelungen!

„VERÄUSSERN SIE SICH!“

„Veräußern Sie sich – und vom Erlös bestreiten Sie anschließend ein ***himmlisches*** Leben!“

Mrs. Veranda Schmuckschatz konnte dem Tipp ihrer Freundin Nelly Buckelkatz durchaus einiges abgewinnen.

Sie heiratete also den überaus wohlhabenden Lord Roswell Deckelmeier – erlebte mit ihm aber eher die „***Hölle*** auf Erden“, sodass sie sich mit großem Verluste wieder freikaufen musste.

Mit ihrer Freundin sprach sie danach kein Wort mehr.

„VERGALOPPIEREN SIE SICH!“

„Vergaloppieren Sie sich ruhig einmal!“, ermunterte lächelnd Philosophieprofessor Adelphi Dreischwan den halsstarrigen Dozenten Luigi Hausgott, der gerne an überkommenen Doktrinen festhielt und seinem Denken keinerlei kreativen Freiraum gewährte.

„Sie ***können*** mich mal!“, erwiderte er nur völlig trocken und ungerührt – womit er sich allerdings ***tatsächlich*** vergaloppiert hatte.

Denn sein Kontrahent machte von dem Angebot unverzüglich und vergnügt ***reichlichsten*** Gebrauch!

„VERGALOPPIEREN SIE SICH NICHT!“

„Vergaloppieren Sie sich bloß nicht, sonst gelangen wir ***nie*** ans Ziel!“, forderte eindringlich Freiherr Cassio von Nebelstrumpf Hengst Lucius auf, der durchaus seinen eigenen Kopf hatte – und ihn daraufhin einfach abwarf.

Worauf er sich zähneknirschend eingestehen musste, dass ***er*** sich wohl im ***Tone*** vergaloppiert hatte.

DAS SELIGE ROTZMENSCH (2)

Fräulein Berta Brauthans war einfach ***selig***, ein Rotzmensch[1] zu sein.

Schließlich brauchte sie gar nichts anderes zu tun, als sich nach Lust und Laune dem allergröbsten Unfug hinzugeben.

„Wie ***unselig*** Torheit doch bloß sein kann!“, seufzte sie dann später freilich – schon ein wenig abgeklärter …

[1] Ungezogenes Mädchen, Göre

DAS UNSELIGE ROTZMENSCH (2)

„Weh mir, ich unseliges Rotzmensch habe heute total verabsäumt, die Lehrerin mit meiner Zunge zu beglücken!"

Und die mit Flüchen überaus spendable Demoiselle Dorabelle Flittschinger belegte sich dafür mit einem unaussprechlichen ***Sonder***exemplar.

Als sie aber ihrem Lieblingsopfer tags darauf zum Ausgleich ***dreimal*** die Zunge herausgestreckt und die obligate lange Nase gedreht hatte, fühlte sie sich zu ihrem nicht gelinden Schrecken ***noch*** unseliger.

Dies darf als hoffnungsvoller Beginn einer sich über viele Jahre erstreckenden ***Erleuchtung*** gedeutet werden …

DAS VAKANTE ROTZMENSCH (1)

„Ich wäre die nächste Zeit wieder vakant“,
erbot sich ein Rotzmensch nicht sehr genant
und reichte jedem gleich einladend die Hand.

Doch wer daraufhin lieber schleunigst verschwand
– dem rief es noch „einiges“ ***nach*** ganz ungalant!

DAS VAKANTE ROTZMENSCH (2)

„Im Augenblick bin ich vakant – wollen Sie mich nicht ehelichen?“, erkundigte sich die 95jährige Mademoiselle Adeline Dampffranz – die sich immer noch völlig zu Recht als Rotzmensch fühlte – auf der Straße bei jedem, der ihr als geeignetes Objekt erschien.

Und wer die Stirn hatte, sie einfach zu ignorieren, musste mit einer fürsorglichen Belehrung rechnen: „Warten Sie ja nicht zu lange, Sie lackierter Affe, sonst enden Sie rascher als Sie glauben als ***übrig*** gebliebener Rotzmensch!“

DAS VERKANNTE ROTZMENSCH

Miss Cathy Wühlmaus hatte sich selbst ihr Leben lang völlig ***verkannt***, indem sie sich stets für eine wohlgesittete Dame hielt.

Drüben freilich fiel es ihr dann wie Schuppen von den Augen. „Was ***war*** ich bloß für ein Rotzmensch!“, schmunzelte sie mit aller nunmehrigen Nachsicht.

„Na ja – ich habe mich auch wirklich immer in allerbester Gesellschaft befunden auf Erden!“

DAS ERKANNTE ROTZMENSCH

Jahrelang vermochte Wissenschaftsministerin Isolde Ingrimm ihre bürgerliche und gelehrte Fassade aufrechtzuerhalten.

Erst auf einer Pressekonferenz verlor sie im Dialog mit einer präpotenten Journalistin vollends die Beherrschung – und wurde endlich doch noch als das erkannt, was sie im Grunde ihres Wesens war:

Ein durch und durch verkommenes Rotzmensch!

DAS WOHLWOLLENDE ROTZMENSCH

Überaus wohlwollend tätschelte Miss Sheila Greenwichs im Vorübergehen jedermanns Kehrseite.

Und nur, wer dies ***gar*** nicht zu schätzen wusste, lernte auch gleich noch ihre – mindestens so ausgeprägte – ***übel***wollende Seite kennen …

DAS SCHIKANÖSE ROTZMENSCH

Die junge Liane Hutzwirn schikanierte sich und ihre Umwelt von früh bis spät ohne jedes Erbarmen. Sie sah einfach keinen anderen Weg, um sich von der „doofen Masse“ gehörig abzusetzen.

Erst als ihr im Laufe der Jahre immer klarer wurde, dass auch die weitaus meisten ***übrigen*** Zeitgenossen durch mangelnde Einsicht sich selber – und damit andere – schikanierten, wandelte sie sich von Grund auf, wurde zur Philosophin – und gewann letztlich sogar den Friedensnobelpreis!

DAS SALONFÄHIGE ROTZMENSCH

Seit ihrer Heirat mit Baron Lestocq Gallwurm galt Mademoiselle Arabelle Dampfmirl als durchaus „salonfähig".

Ein Rotzmensch blieb sie aber dennoch bis zuletzt.

Ehe sie dann so ***genug*** hatte von sich selber, dass sie sich bei allen ***künftigen*** Leben schwor, niemals ***wieder*** ein solches zu sein!

DAS ELOQUENTE ROTZMENSCH

Ein Rotzmensch war so eloquent, dass es mühelos eine Wahl nach der anderen gewann.

War es doch bis zuletzt „hochangesehene“ Spitzenpolitikerin.

DAS NACHLÄSSIGE ROTZMENSCH

Fräulein Julie Dorfteufel war so nachlässig, dass sie meist nur mit ***einem*** Schuh das Haus verließ.

Und als sie deswegen einmal stolperte und hinfiel, ging sie überhaupt nur mehr ***ohne*** „diese lästigen Dinger" auf die Straße – was sie bald auch auf die übrigen Kleidungsstücke ausdehnte.

Weshalb sie schließlich in einer geschlossenen Anstalt landete – wo sie dann freilich ***noch*** nachlässiger wurde …

DAS EITLE ROTZMENSCH (2)

Schon als Rotzmensch war Lady Septima Grillbein so eitel, dass sie sich immer erst sorgfältigst frisierte, ehe sie sich vor dem Spiegel die Zunge herausstreckte. Nie und nimmer hätte sie diesen Anblick in ***un***frisiertem Zustande ertragen!

Später freilich war es ihr dann selbst in teuersten und luxuriösesten Kleidern nicht mehr möglich, sich selber zu goutieren – sodass sie sich allmählich von Grund auf reformierte.

Weshalb sie bis heute als leuchtendes Beispiel für die ***Wandlungsfähigkeit*** des Menschen gilt!

DAS EINMALIGE ROTZMENSCH

Signora Confuzia Rinnsal war zeitlebens eine solch ***un***angenehme Genossin, dass man sie schlichtweg als „Rotzmensch wie es gottlob nur ***einmal*** vorkommt“ bezeichnete.

Aber selbst das wäre noch zu ***viel*** gewesen – bekannte sie selber dann nach ihrem allseits gefeierten Abgange mit verschämtem, doch ***verschmitztem*** Lächeln …

DAS ZWEIMALIGE ROTZMENSCH

In ihren Memoiren eröffnete die hochgeachtete Autorin Rebecca Lachkrampf der verblüfften Leserschaft, dass sie sich im Grunde nur zweimal in ihrem Leben als Rotzmensch gefühlt habe.

Einmal – kurz – bei der heiligen Taufe.

Und dann – entschieden länger – während ihrer höchst ***un***heiligen Ehe mit Sir Langford Shortlmeyer …

DAS DREIMALIGE ROTZMENSCH

Wie die zuletzt als Mrs. Peggy Darmgreen Dahingeschiedene ihrer angeregt lauschenden jenseitigen Zuhörerschaft enthüllte, wiesen ihre vielfältigen irdischen Existenzen auch insgesamt drei als ***Rotzmensch*** auf.

Einmal, um bloß eine derartige Erfahrung zu sammeln. Ein weiteres Mal, weil sie in dieser so gut wie ***nichts*** (Brauchbares) gelernt hatte.

Und schließlich, um sich aus solchen Niederungen kühn emporzuschwingen und dann als überaus kompetente ***Pädagogin*** zu enden!

„VERDAMPFEN SIE!“

„Verdampfen Sie, Monsieur. Das ist das Beste, was Sie tun können!“, riet Steuerberater Crawford Dampfnudel mit ernster Miene seinem Klienten Labouche de la Mouche, als offenbar wurde, dass ihm erhebliche Schwierigkeiten mit dem Finanzamt drohten.

Und so schalt ihn dieser zwar einen elenden Dampfplauderer, packte aber dennoch Hab und Gut und verdampfte schleunigst mittels Privatdampfer nach Südamerika.

DER PAPST ALS REGENWURM (2)

Was ihm in seiner erlauchten Existenz einfach nicht möglich gewesen war, nämlich auch das Erdreich nach verdächtigen, ***un***christlichen Elementen zu durchwühlen, dem verschrieb sich Papst Cassandro der Überragende ***anschließend*** mit desto größerem Elan – als Regenwurm.

Wobei er jedoch bald verbittert feststellte, dass ihn ***diese*** „Aufgabe“ ebenso überforderte wie zuvor das heilige Amt.

Sodass er sich schließlich ***ganz*** von Erden löste – und allmählich ***wirklich*** seinen Frieden fand.

LE FETISCHEUR

Da es ihn selber ein wenig peinlich berührte, dass er ein solches ***Faible*** für die Politik besaß, dass man ihn fast schon als Fetischisten hätte bezeichnen müssen – was ihm freilich unangebracht trivial erschienen wäre –, beschönigte sich Baron Turban von Blaupinscher eben einfach zum „Fetischeur“.

Und mit dieser – vergleichsweise kleinen – Verschleierung befand er sich zugleich auch ganz auf Linie mit seinen großen Idolen …

DIE MUSE UND DIE FEE

Eine Muse und eine Fee
vergnügten sich beim Tee
und priesen ihr Renommee.

Denn ***ohne*** sie wäre gar manche Idee
im nächsten Augenblick wieder ***passé***!

DIE MUSE UND DAS KROKODIL

Eine Muse und ein stolzes Krokodil
lebten ohne Trauschein auf dem Nil.

Und dies bedeutete ihnen wahrhaft ***viel***
– denn ***Freiheit*** war ihr höchstes Ziel!

DIE VERSTOSSENE MUSE

„Ich brauche Sie heute nicht!", wies ein Poet einer Muse schroff die Tür,
„Sind Sie ***morgen*** wieder hier!"

Doch da freilich sehnte er sich dann ***vergeblich*** nach ihr …

„VERDAUEN SIE SICH!“ (2)

„Verdauen Sie sich gefälligst erst einmal ***selbst***, bevor Sie ***anderen*** zumuten, dies zu tun!“

Dieser Schlüsselsatz eines bis heute leider unbekannten Autors sollte wirklich ***jedem*** Erdenbürger so ***früh wie möglich*** ins Stammbuch geschrieben werden!

„DIAGNOSTIZIEREN SIE SICH!“

„Diagnostizieren Sie sich endlich selbst, ich habe es jedenfalls für meinen Teil bereits ***hinreichend*** getan, um festzustellen, dass wir ***nicht*** die geeigneten Eheleute sind!“

Und ohne die Eigendiagnose ihres Gatten Florestan abzuwarten, reichte Madame Vivienne Lachgas unverzüglich die Scheidung ein.

Da half es dann auch nicht mehr viel, dass er umgehend seinen Arzt Dr. Kautschuk Hausmuck aufsuchte, um von diesem eine möglichst „fundierte“ Diagnose zu erhalten …

„VERDONNERN SIE MICH!“

„Verdonnern Sie mich, damit ich endlich doch noch heilig werde!“, flehte die hochbetagte Schwester Balsamia Krauthans zu Papst Dreigosch dem Unerreichten.

Er hatte Einsehen mit ihrer armen Seele – und verdonnerte sie wegen „unbilligen und prätentiösen Begehrens“ zu einer ausgiebigen Arreststrafe bei wenig Wasser und Brot im Kerker ihres Klosters.

Um sie nach ihrem bald darauf erfolgenden Ableben als ***Märtyrerin*** heiligzusprechen.

„VERDONNERN SIE MICH NICHT!“

„Verdonnern Sie mich nicht, weil ich einige Wochen nicht erschienen bin“, bat vorsorglich Baron Dagomiro Reiseflott seinen Beichtvater Prälat Ernesto Buckelgott, „aber ich musste einer schweren Erkältung wegen fast durchgehend das Bett hüten.“

Da belegte ihn dieser gleich zu Beginn mit einem „Bußpauschale“ von dreißig Vaterunser.

Denn, wie er wissend-schmunzelnd meinte: „Die ***schlimmsten*** Sünden passieren bekanntlich ja im ***Bett***!“

„VERDONNERN SIE SICH!“

„Verdonnern Sie sich schleunigst, bevor ich nachhelfe!“, drohte Amtsrat Tortillo Himmelpfau Gattin Tartaria in einem erbitterten Streite.

Sie verdonnerte sich so ***gewaltig***, dass er einen bleibenden Hörschaden davontrug.

Und das, obwohl die Ehe gar nicht ***lange*** gewährt hatte!

„VERDONNERN SIE SICH NICHT!“

„Verdonnern Sie sich nicht gleich selber, nur weil Sie ***einmal*** zu spät in der Firma aufgekreuzt sind!“, versuchte Mrs. Candice Schmuckkatz Tochter Prudence zu besänftigen.

Allein – die über alle Maßen Pflichtbewusste und zu permanenter Selbstgeißelung Neigende zog ihre Sühne gnadenlos durch.

Sie heiratete ihren Chef Dr. Richmond Sargloch – dessen Anträge sie bisher ignoriert hatte, weil sie ihn einfach in jeder Hinsicht ***unausstehlich*** fand!

„DEGUSTIEREN SIE SICH!“

„Degustieren Sie sich gefälligst, ehe Sie das Haus verlassen!“, mokierte sich Lady Fanny Himmeltau, nachdem sie auf der Straße die Wange eines Passanten im Vorbeigehen abgeleckt hatte und zum Urteil gelangt war, dass er eigentlich nicht gut „schmecke“.

Der so Gerügte war indes um eine Revanche keineswegs verlegen, ***biss*** sie gleich hinten hinein, fand jedoch, dass sie ihm ***ausgezeichnet*** munde – und schlug ihr sogar die Heirat vor.

Da revidierte die Lady rasch ihre Meinung und willigte hocherfreut ein.

„DEGUSTIEREN SIE SICH NICHT!"

„Degustieren Sie sich lieber nicht, Sie könnten bitter enttäuscht sein!", warnte Therapeutin Olga Dampfross Madame Mélusine Hutbirn, die an Perfektionierungswahn litt und nun auch unbedingt herauszufinden gedachte, wie sie selber schmecke.

Sie ließ es sich daher partout nicht nehmen, in den kleinen Finger zu beißen – worauf sie von ihrem Geschmack so beeindruckt und betört war, dass sie sich auch gleich die ganze ***Hand*** bot, um sich umgehend zu ehelichen.

Und sie war mit sich selber derart glücklich und zufrieden, dass sie weder sich noch andere jemals wieder beißen musste!

„DEGUSTIEREN SIE MICH!“

„Degustieren Sie mich ruhig, bevor Sie mich heiraten!“, bot großzügigst Señor Calzito Salzhans Señorita Mercedes Malzgans – und was sie neugierig probierte, behagte ihr durchaus.

Die anschließende Ehe geriet freilich dennoch zum Flop.

Und dies nicht nur, weil ***er*** voller Noblesse darauf verzichtet hatte, ***sie*** vorher zu kosten …

„DEGUSTIEREN SIE MICH NICHT!“

„Degustieren Sie mich nicht!“, wies empört Mrs. Carol Flickkraut Gatte Talbot in der Hochzeitsnacht zurück, als er sie zu küssen versuchte, „Ich bin kein ***Konfekt***!“

Worauf er sich prompt an einer Bonbonniere gütlich tat und sie binnen kurzem leerfraß.

Wie ***diese*** Ehe wohl weiterging?

„DEGENERIEREN SIE NICHT!“

„Degenerieren Sie um Gottes willen nicht ***vor*** der Zeit, warten Sie damit, bis Sie ***drüben*** sind!“, flehte Direktor Walross von Wonnemeier Gattin Wiltrud an, die seit einigen Wochen bereits mit einem Fuß im Grabe stand, sich aber offenbar nicht recht entschließen konnte, auch den anderen hinabzusetzen. Denn er brauchte sie noch für einige dringliche Unterschriften und Angelegenheiten in der gemeinsamen Firma.

Gerade freilich, ***weil*** sie eben schon halb drüben war, wies sie die burleske Annahme, dass man dort „degeneriert“ sei, mit äußerster Empörung zurück, schalt ihren Gemahl einen hirnlosen Ignoranten und Flegel – und verabschiedete sich zur Strafe ***komplett*** und ohne weiteren Verzug!

„DEGENERIEREN SIE!“

„Degenerieren Sie möglichst ***nachhaltig***!“

Da Baron Oxford Schlammteufel ohnehin bereits im Sterben lag, war die liebevolle Aufforderung seiner Gattin Lucilla ja eigentlich höchst überflüssig.

Sie darf aber vielleicht doch als – hoffentlich nicht ***allzu*** typisches – Beispiel einer offenbar um jeden Preis in die Länge gezogenen Ehe gelten, aus der sich keiner rechtzeitig auszusteigen getraute …

Printed by Books on Demand GmbH, Norderstedt / Germany